VENTE

des Mercredi 4 et Jeudi 5 Novembre 1903

HOTEL DROUOT, SALLE N° 11

A 2 HEURES 1/4

Meubles de Styles

ET D'ÉPOQUES

Louis XIII, Louis XV et Louis XVI

OBJETS D'ART ET DE VITRINE

Bronzes — Sculptures — Porcelaines

BIJOUX ANCIENS

Costumes, Dentelles

TABLEAUX, AQUARELLES, GRAVURES

Me F. LAIR DUBREUIL
COMMISSAIRE-PRISEUR
6, rue de Hanovre, 6

M. ARTHUR BLOCHE
Expert près la Cour d'Appel
51, rue Saint-Georges, 51

EXPOSITION PUBLIQUE

Le MARDI 3 NOVEMBRE 1903, de 2 heures à 6 heures

PARIS — IMPRIMERIE C. CHAUFOUR

8-10, Rue Milton, 8-10

Paris. — Imp. G. Chaufour, 8-10, rue Milton.

DÉSIGNATION

MEUBLES

1 — Belle chambre à coucher de style Louis XV riche décor de marqueterie de bois à fleurs, et ornée de bronzes ciselés et dorés, elle se compose d'un lit de milieu, d'une armoire à glace s'ouvrant à deux portes, d'une psyché accostée de deux petits chiffonniers à trois tiroirs dessus en marbre blanc et d'une commode.

2 — Meuble de salon de style Louis XIV en bois sculpté et doré, recouvert de soirie fond crème brochée à bouquets de fleurs composé d'un canapé, deux fauteuils et deux chaises.

3 — Commode de style Louis XV en marqueterie de bois à fleurs, ornée de bronzes ciselés et dorés, dessus en marbre.

4 — Armoire de sacristie ouvrant à quatre vantaux sculptés d'ornements de fleurs et d'oiseaux xviiie siècle.

5 — Meuble crédence en bois sculpté ouvrant à une porte décorée de rosaces, fronton à mascaron ; la partie inférieure à cariatides de femmes xviiie siècle.

6 — Bahut en bois sculpté ouvrant à deux vantaux décorés chacun de neuf petits panneaux sculptés à figures et armoiries, montants à colonnes et figures placées dans des niches.

7-8 — Deux consoles d'applique en bois sculpté sur pied cambré style Louis XV.

9 — Porte serviette applique en bois sculpté formé par un buste de femme tenant une ombrelle.

10 — Deux consoles d'applique en bois sculpté à figures de faunesses ailées.

11 — Support en bois sculpté figurant un palmier, dessus de marbre vert de mer.

12 — Console Louis XV en bois sculpté et doré, dessus de marbre brèche d'Alep.

13 — Meuble formant crédence en bois sculpté le haut ouvrant à deux vantaux gothiques, le bas à montants feuillagés et cariatides.

14 — Grand lit en bois sculpté à quatre colonnes torses supportant un baldaquin.

15 — Deux petites tables de nuit en bois sculpté.

16 — Meuble bibliothèque en chêne à deux corps, ouvrant à six vantaux et garni de trois tiroirs à abattants.

17 — Porte-manteaux et parapluies en noyer ciré avec tablette de marbre et glace biseautée.

18 — Pendule de forme monumentale en bois noir à ornements de bronzes dorés, cadran mobile décoré d'une peinture représentant les Parques. Sonnerie à musique.

19 — Petite table à ouvrage de forme ronde en marqueterie de bois.

20 — Petit canapé en bois doré garni en soie brochée à fleurs.

21 — Grande glace cadre sculpté à colonnes torses.

22 — Cheminée en bois sculpté, bandeau à médaillon central représentant Judith tenant la tête d'Holopherne, montants à figures et vases de fleurs, surmontée d'un encadrement à colonnes torses.

23 — Petit meuble d'entre-deux en bois sculpté ouvrant à deux portes à encadrements et feuillages sculptés.

24 — Petit meuble formant bureau à dos d'âne en bois naturel.

25 — Fauteuil Louis XIII en noyer ciré garni en ancienne tapisserie verdure.

26 — Frise en bois sculpté à ornements et figure d'ange.

27 — Chaise longue en bois sculpté en deux parties, garnie en ancienne tapisserie verdure.

28 — Siège forme Dagobert en chêne sculpté.

29 — Deux fauteuils en bois sculpté et doré, style Louis XIII garnis en velours frappé vert et rouge sur fond gris.

30 — Deux petites glaces cintrées dans le haut et garnies chacune d'une lumière en fer figurant un chardon.

31 — Table à pieds tors en noyer reliés par une entrejambe.

32 — Table bureau en noyer.

33 — Chaise basse en chêne sculpté, dessin à cariatides de faunes et feuillage coussin en panne verte galonnée.

34 — Fauteuil en noyer garni de cuir clouté de cuivre.

35 — Fauteuil en bois peint blanc et sculpté Louis XV garni en toile de Jouy.

36 — Deux chaises Louis XIII en bois sculpté, coussins en panne verte.

37 — Siège forme Dagobert en noyer sculpté, coussin en velours vert.

38 — Colonne cannelée en simili-marbre.

39 — Colonne torse en bois.

40 — Petite table en noyer posant sur cinq pieds à griffes.

41 — Petite boite en thuya décorée sur le couvercle d'une peinture de l'école anglaise.

42 — Petit paravent à deux feuilles à tablettes en noyer, garnies en ancienne soie brochée.

43 — Support de cabinet en bois noir à colonnes torses.

44 — Boite en argenterie en Chène.

OBJETS D'ART

45 — Statuette en bronze : Vénus accroupie, édition de Barbedienne.

46 — Paire de vases en ancien céladon craquelé de Chine.

47 — Lanterne de procession de forme octogonale, en cuivre.

48 — Lampe d'église en cuivre argenté, xviiie siècle.

49 — Suspension-veilleuse formée d'un encensoir en cuivre.

50 — Deux vases d'église en cuivre argenté.

51 — Carafe en verre, monture en étain, anses à figures de sirènes.

52 — Garde-feu en fer forgé.

53 — Paire de chenêts en fer à ornements feuillagés.

54 — Paire de chenêts en cuivre.

55 — Plaque de fonte offrant en relief une figure de saint Jacques, XVIIe siècle.

56 — Lampe en bronze chinois, disposée pour le gaz.

57 — Paire de flambeaux cannelés en bronze.

58 — Suspension-veilleuse en verre bleu, monture feuillagée et cul-de-lampe en argent.

59 — Microscope en cuivre.

60 — Garniture de trois vases en faïence décorée de sujets champêtres, de paysages et de fleurs.

61 — Deux groupes de femme et enfant en porcelaine de Chine.

62 — Paire de vases en porcelaine de Sèvres, fond bleu jaspé.

63 — Groupe en biscuit : Jeux d'enfants.

64 — Plat en porcelaine russe, bordure à ornements sur fond d'or, décoré au centre d'un
monument, et assiette en porcelaine de Sèvres
décorée d'un buste de Marie-Antoinette.

65 — Vase à long col, sur piédouche en porcelaine bleue turquoise, décorée d'un médaillon
représentant un épisode de l'Histoire russe.

66 — Plat rond en vieux Japon à décor polychrome.

67 — Seau à rafraîchir et douze assiettes en porcelaine de Paris, décor barbeau.

68 — Cinq assiettes en porcelaine du Japon à
décor polychrome.

69 — Pichet en faïence, décor chinois en bleu.

70 — Figurine en Saxe : l'Automne.

71 — Perroquet en ancien émail cloisonné de
Chine, sur pied en bois peint orné de bronzes.

72 — Petite cafetière en porcelaine blanche et or Ier Empire, décorée en camaïeu de sujets à paysages.

73 — Encrier en faïence de Lunéville.

74 — Paire de vases en porcelaine de Limoges à collerette rouge et noir.

75 — Paire de vases en porcelaine blanche et or à mascarons dorés. Ier Empire.

76 — Paire de petits vases de même époque en porcelaine blanche et or, décorés de sujets peints, gorge perlée.

77 — Deux petites jardinières en émail cloisonné de Chine.

78 — Buste de jeune fille voilée en marbre blanc, par J. PERERA.

79 — Buste d'Italienne en marbre blanc.

80 — Buste en terre cuite, par CLÉSINGER. Signé et daté 1870.

80 *bis* — Buste en terre cuite : Jules César, par CLÉSINGER.

81 — Buste de femme en terre cuite.

82 — Groupe en bois sculpté : La Vierge et l'Enfant.

83 — Figurine d'ange ailé en bois sculpté peint et doré.

84 — Groupe en marbre d'après HOUDON : Amours se disputant un cœur.

85 — Paire de vases en porcelaine de Chine décorés de personnages en émaux de couleur.

86 — Petit buste en marbre : La Châtelaine.

87 — Cache-pot en bronze du Japon décor à volatiles au milieu de branchages fleuris.

88 — Paire de grandes potiches en porcelaine de Chine décor à objets d'ameublement.

89 — Buste en marbre blanc avec draperie en marbre de couleur représentant Judith.

90 — Deux statuettes en bronze à patine dorée :
Figaro, signé ANFRIE. Au Clair de la Lune
signé BOURET.

91 — Buste en marbre : Mme Récanier d'après
HOUDON.

92 — Paire de vases sur socle en biscuit de
WEDGWOOD décor à rondes de femmes.

93 — Deux vases en cuivre émaillé décor flambé
montures bronzes.

BIJOUX ANCIENS

OBJETS DE VITRINE

94 — Agrafe en argent forme ovale ornée de
strass.

95-98 — Onze broches, agrafes ou boutons en
argent pavés de strass.

99 — Deux pendentifs surmontés de nœuds et
de fleurs pavés de strass.

100-105 — Quatorze reliquaires en argent ciselé. Travail espagnol.

106 — Reliquaire en filigrane d'argent aux aigles d'Autriche avec médaille en vermeil représentant Saint Georges.

107 — Trois cadres de reliquaire en argent doré et argent.

108 — Petit reliquaire orné d'un émail avec cadre en argent doré enrichi de pierreries.

109 — Reliquaire offrant d'un côté la Vierge et au revers Saint Joseph et l'Enfant, cadre en argent.

110 — Croix en filigrane d'argent doré suspendue à un nœud de ruban.

111 — Deux agrafes en argent et strass avec émaux représentant des enfants.

112 — Deux croix en argent ornées de pierreries.

113 — Deux grandes paires de pendants d'oreilles en argent orné de strass.

114 — Quatre paires boucles d'oreilles ornées de strass.

115 — Deux châtelaines en argent garni de strass.

116 — Paire de grands pendants d'oreilles en argent doré.

117 — Croix en filigrane d'argent doré.

118 — Médaillon orné d'un camée, monture en argent et strass.

119 — Broche avec pampille en argent orné de strass.

120 — Deux pendentifs en argent orné de strass.

121 — Pendentif émaillé bleu et gouttelettes, monture en argent garni de strass.

122 — Miniature : portrait de femme, encadrement en argent et strass.

123 — Broche en nacre avec Vierge en argent, encadrement en marcassittes.

124 — Médaillon ovale : bouquet de fleurs en perles, encadrement en strass.

125 — Trois paires de pendants d'oreilles en argent, enrichis de pierreries.

126 — Six brochettes en argent enrichi de strass.

127 — Deux pendentifs en argent doré orné de strass et de pierres vertes avec perles, poires fausses.

128 — Devant de collier en nacre et strass, monture en argent.

129 — Médaillon orné d'un émail : jeune paysanne, monture en argent et strass.

130 — Etoile en argent pavé de strass.

131 — Huit épingles en argent et strass.

132 — Quatre épingles ornées de pierres vertes.

133 — Boucle en argent avec double rangée de strass.

134 — Onze bagues en argent et strass.

135 — Cinq bagues en argent orné de pierreries.

136 — Deux bagues avec miniatures : portrait de femme et vase de fleurs.

137 — Armoirie accostée de deux amours au milieu de rocailles feuillagées en argent.

138 — Quarante boutons en filigrane d'argent.

139 — Quatre boutons doubles en argent.

140 — Collier en argent avec médaillon forme cœur.

141 — Bonbonnière ronde en argent.

142 — Trois pièces de monnaies en argent.

143 — Deux pendentifs émaillés bleu, montures cuivre et strass.

144 — Médaillon en onyx blanc, monture en cuivre argenté.

145 — Deux breloques forme cachets en cuivre.

146 — Quatre bagues en cuivre ornées de strass et de pierreries.

147 — Paire de pendants d'oreilles en cuivre et glaces.

148 — Six pièces en cuivre : fleurs, brochette, deux pendants et boutons.

149 — Deux émaux et petite mosaïque.

150 — Collier de quatre rangs en perles fausses et paire pendants d'oreilles.

151 — Bagues en or enrichies de pierreries, de roses et de perles.

152 — Petite bague en or à quatre anneaux avec pierres vertes.

153 — Deux croix en or avec améthystes.

154 — Petite épingle en or forme fleur ornée d'améthystes.

155 — Trois breloques en or et argent.

156 — Porte-mine et clef de montre en argent doré.

15 — Six boucles en cuivre émaillé.

158 — Collier en cuivre et topaze.

159 — Trois broches ornées de camées coquilles, montures en cuivre.

160 — Dix camées sculptés à têtes d'hommes et de femmes.

161 — Deux boucles à petites fleurs, montures en cuivre.

162 à 164 — Sept éventails en ivoire, nacre et corne.

165 — Plateau en verre gravé à décor rouge

166 — Bague en or enrichie d'une émeraude et de diamants.

167 — Bague marquise en or enrichie de bandes transversales en émeraudes et rubis, entourage roses.

168 — Bague en or enrichie de trois émeraudes et de diamants.

169 — Bague en or ornée de diamants, dessin ajouré.

170 — Pendentif avec son collier en or orné de
perles, brillants et roses. Style Louis XVI.

171 — Epingle de cravate en or, forme fer à che-
val montée de saphirs et de roses.

172 — Epingle de cravate en or montée d'une
rose et d'une perle pendeloque.

173 — Epingle de cravate en or avec buste de
femme en pierre de lune.

174 — Epingle de cravate en or médaillon émaillé
à figure de femme.

175 — Bracelet en or ciselé à jour, dessin à rin-
ceaux placés entre deux galeries garnies de
petites perles fines.

176 — Broche forme mouche en or, montée de
diamants et pierres de couleur.

177 — Bague jonc en or montée d'un brillant.

178 — Petit flacon à sel en cristal, bouchon en or
orné d'un saphir et de cinq perles fines.

179 — Porte-cigarettes en argent niellé.

180 — Miniature, portrait de Napoléon 1er. Cadre en thuya.

181 — Miniature portrait de jeune fille blonde vêtue de blanc, cadre ovale avec bélière en or.

182 — Miniature ovale : le sacrifice de l'amour.

183 — Deux éventails monture en nacre et or gravé relevé de dorures.

184 — Canne en jonc à pomme d'ivoire. xviie siècle.

185 — Petite armure en fer.

186 — Deux boîtes longues persanes, décor de cavaliers et de personnages.

TABLEAUX

AQUARELLES, GRAVURES

187 — **Belaevsky**. *Vue de Moscou*.

188 — **Billard**. Nature morte : *Lièvre et pommes*.

189 — **Casanova**. *Moines et Espagnole*. Eau-forte.

190 — **Cazenave**. *Adam et Eve*. Belle gravure en couleur.

191 — **Champagne (Philippe de)**. *Portrait d'homme à collerette, coiffé d'un chapeau à plumes*. Cadre en bois sculpté et doré.

192 — **Collin (Paul)**. *Environs d'une ville*. Aquarelle.

193 — **Corby (A. M.)**. *Portrait de femme décolletée, parée d'un collier de perles*. Pastel.

194 — **Corot** (Attribué à). *Paysage*. Esquisse en noir.

195 — **Corot** (Attribué à). *Paysage avec cours d'eau et maisonnette*.

196 — **D... (A)**. *Le Baptême*.

197 — **Dupré** (Genre de). *Paysage avec vaches au bord d'une mare*.

198 — **Fragonard**. *Les Hazards heureux de l'escarpolette*. Gravure.

199 — **Fragonard** (Genre de). *Paysage avec personnages*.

200 — **Hall** (**Harry**). *Amazone et cavalier*.

201 — **Hall** (**Harry**). *Bords de la Meuse*. Aquarelle.

202 — **Hall** (**Harry**). *Effet de neige*. Aquarelle.

203 — **Hall** (**Harry**). *Effet de neige*. Aquarelle.

204 — **Hall** (**Harry**). *Le Matin dans les Ardennes*. Aquarelle.

205 — **Hall** (**Harry**). *Sous bois*. Aquarelle.

206 — **Hall** (**Harry**). *Soir d'été*. Aquarelle.

207 — **Hall** (**Harry**). *Printemps*. Aquarelle.

208 — **Hall** (**Harry**). *Avant la pluie*. Aquarelle.

209 — **Hall (Harry)**. *Sous bois*. Aquarelle.

210 — **Henner**. *Femme nue couchée*. Signé.

211 — **Janssen**. *Le Verger*.

212 — **Lafarge de Gaillard**. *Régiment de guides en marche*.

213-214 — **Lafarge de Gaillard**. *Intérieur de palais*, deux aquarelles dans un même cadre, compositions à nombreux personnages.

215 — **Lafarge de Gaillard**. *Régiment de chasseurs et régiment de cuirassiers traversant une ville*, deux aquarelles.

216 — **Lafarge de Gaillard**. *La Gare, vue de ville*.

217 — **Lafarge de Gaillard**. *Réception au Palais impérial en Russie*.

218 — **Lafarge de Gaillard**. *L'Assaut et la Défense du village*, deux aquarelles.

219 — **Lafarge de Gaillard**. *Le Débarquement vue de ville*.

220 — **H. Menier**. *Dans la forêt.*

221 — **Netscher**. *Portrait de femme drapée et parée d'un collier de perles.*

222-223 — **Panini et Tesco** (D'après). Suite de cinq belles gravures rehaussées de gouaches et de dorures, représentant des galeries et des décorations de Palais d'Italie.

224 — **Salvator Rosa** (D'après). *Le Vésuve,* gravure ancienne à la manière noire par Le Charpentier, cadre Louis XVI.

225 — **Simon**. *Eve et Bethsabée.* Deux gravures en couleur.

226 — **Stundgren**. *Soir d'hiver.*

227 — **Stundgren**. *Le Dégel.*

228 — **Oudry**. *Chiens de chasse et gibiers morts.*

229 — **Pélissier**. *Danseuse orientale.* gravure.

230 — **Pélissier**. Gravure : *L'Amour séduit l'innocence.*

231 — **Plet.** *Paysages.* Deux aquarelles.

232 — **Robert.** Quatre aquarelles humoristiques.

233 — **Vautier.** *Buste de jeune fille* Pastel.

234 — **Watteau** (Ecole de). *Le joueur de flûte.*

235 — **École allemande.** *Portrait d'une dame de qualité caressant un chien.*

236 — **École anglaise.** *Portrait de Page.*

237 — **École française.** *Le Bureaucrate.*

238 — **École hollandaise.** *Vache dans un Paysage.*

239 — **École hollandaise.** *Le Quator.* Cadre sculpté et doré.

240 — **École hollandaise.** *La Halte.*

241 — **École italienne.** *L'Ivresse de Silène.*

242 — **École italienne**. *La Vierge et l'Enfant.*
Peinture en grisaille.

243 — **École moderne**. *Eve.*

244 — **École moderne**. *Pifferaro.* Etude.

245 — **École moderne**. *Tête d'Oriental.*

246 — **École moderne**, *Le Déjeuner chez l'Abbé.*

TAPIS

COSTUMES, DENTELLES

247 — Tapis de table broderie à la main sur toile
travail oriental.

248 — Carpette d'Orient.

249 — Carpette d'Orient.

250 — Châle en crêpe de Chine blanc à effilés de
soie.

251 — Suite de costume de théâtre.

252 — Robe de bal pailletée.

253 — Volant en dentelle de Chantilly mesurant environ 6^{m}50.

254 — Petit col en application.

255 — Objets omis.